LES DEUX CRÉOLES,

COMÉDIE-VAUDEVILLE EN DEUX ACTES,

Par MM. Bayard et E. Vanderburch,

REPRÉSENTÉE POUR LA PREMIÈRE FOIS, A PARIS, SUR LE THÉATRE DU GYMNASE-DRAMATIQUE, LE 9 SEPTEMBRE 1835.

PERSONNAGES.	ACTEURS.	PERSONNAGES.	ACTEURS.
HENRI JERVIN, créole, négociant au Havre....	M. St-Aubin.	CÉCILE, femme de Jervin.	Mme H. Monnier.
M. DESTILLET, ami des deux familles.........	M. Ferville.	ZILIA, jeune créole.....	Mlle E. Sauvage.
FRANCIS, commis chez Jervin...............	M. Davesne.	UN NOTAIRE.........	M. Bordier.
		Personnes de la Noce au premier acte.	
		UN DOMESTIQUE.	

La scène se passe, au premier acte, à Paris; au deuxième acte, elle se passe au Havre.

N. B. S'adresser, pour la musique de cette pièce et pour celle de tous les ouvrages qui composent le répertoire du Gymnase-Dramatique, à M. Heisser, bibliothécaire et copiste, au théâtre, ou à M. Ferville, correspondant des spectacles, rue Poissonnière, n° 33.

ACTE PREMIER.

Le théâtre représente un salon : fauteuils, table; entrée au fond, portes latérales.

SCÈNE PREMIÈRE.

JERVIN, CÉCILE, M. DESTILLET, LE NOTAIRE, Invités.

(Au lever du rideau tout le monde est assis. Le notaire est à une table, et achève la lecture du contrat.— La table est sur le devant du théâtre, à droite; Jervin à droite du notaire, Cécile et Destillet à sa gauche; les invités, assis, occupent la gauche du théâtre *.)

LE NOTAIRE. Et ont lesdites parties contractantes signé le présent contrat de mariage, avec nous notaire susdit; et les personnes dont les noms suivent... (*S'interrompant.*) Pardon, je vais écrire.

CÉCILE, *à M. Destillet.* Est-ce que ce sera encore bien long, mon bon ami?

M. DESTILLET. Silence donc... Ecoutez, petite fille.

CÉCILE. Mais je ne fais que ça depuis une heure; et je n'y comprends rien... si vous croyez que c'est amusant la lecture d'un contrat?

AIR : *Vaudeville de l'Écu de Six francs.*

Trouvez-vous donc les mariages
Plus gais que les enterremens!

* Les acteurs sont inscrits en tête de chaque scène comme ils doivent être placés sur le théâtre. Le premier inscrit tient toujours en scène la gauche du spectateur; et ainsi de suite.

Vous n'y parlez que de veuvages,
De ruptures, de testamens;
Vous tuez tous les grands parens.
Oui, des familles, quelles chances!
On y calcule les trépas...
Et c'est ce que dans les contrats
On appelle des *espérances*.

C'est bien divertissant... Tenez, demandez à mon futur, qui a l'air de bâiller en regardant le notaire.

JERVIN. Moi, mademoiselle!... je vous assure.....

CÉCILE. Je vous assure, moi, que vous avez bâillé quatre fois, en deux articles.

JERVIN. Je n'ai pas compté.

M. DESTILLET. Il est permis de bâiller... cela n'empêche pas d'entendre.

CÉCILE. Non, il n'écoute pas, monsieur Jervin... Il est distrait... préoccupé...

JERVIN, *se levant*. C'est possible... J'attendais des nouvelles du Havre, ce matin.

M. DESTILLET. Eh! mon Dieu! il s'agit bien de cela, vraiment... d'ailleurs, n'avez-vous pas, au Havre, votre jeune commis, M. Francis, en qui vous avez toute confiance.

JERVIN. Sans doute; mais...

M. DESTILLET. Mais de la gaîté, entendez-vous... C'est un premier mariage que je fais; et je veux qu'il ait un air de fête et de plaisir.

CÉCILE. Bon ami a raison, monsieur... Asseyez-vous là, et écoutez la fin de ce contrat... à condition qu'elle sera bien courte.

(Jervin se rasseoit.)

LE NOTAIRE. J'ai fini... (*Lisant.*) Fait et passé à Paris, le 15 septembre 1833.... Mais permettez... Nous disons que le futur est né.....

JERVIN. Au fort Saint-Pierre.

LE NOTAIRE. Quel département?

DESTILLET, *riant*. Eh! non... à la Martinique... (*A part.*) Il n'est pas fort sur la géographie, le notaire.

LE NOTAIRE. Maintenant si vous voulez signer...

(Il se lève.)

M. DESTILLET. Certainement... Tout de suite... (*Tout le monde se lève.*) Voyons, Cécile.

CÉCILE, *signant*. Moi, bon ami, je signe les yeux fermés. (*Donnant la plume à Jervin.*) Voici, monsieur... et avant de igner, faites bien vos réflexions.

JERVIN, *lui baisant la main*. C'est fait... Donnez, mademoiselle... et puissé-je signer votre bonheur et le mien!

CÉCILE. Oh! quel air solennel! (*A M. Destillet, à part.*) Ainsi, mon bon ami, c'est donc fini... Me voilà mariée!

M. DESTILLET. Non... pas tout-à-fait.

CÉCILE. Cependant, quand le contrat est signé... tout est dit.

M. DESTILLET. Dans les comédies, c'est possible... mais ici, mon enfant, rien n'est fini, tant que tu ne t'es pas engagée par-devant M. le maire et son écharpe.

CÉCILE. Voilà encore qui est amusant.

JERVIN, *à Destillet*. A vous, monsieur.

M. DESTILLET. Avec plaisir... (*Il va à la table.*) Qui m'aurait dit à moi que je servirais un jour de père à une jeune et jolie fille, et que je la marierais.

CÉCILE. Par procuration.

M. DESTILLET. C'est égal... je suis enchanté que les affaires de ton père le retiennent à Londres... grâce à son absence, il me semble aussi que j'ai une famille, des enfans... et tout cela sans qu'il m'en coûte rien.

(Il signe.)

JERVIN, *à part*. Allons, il n'y a plus à revenir.

CÉCILE, *à Destillet*. Mais voyez donc comme il a toujours l'air triste et rêveur!

M. DESTILLET, *à Jervin*. Eh bien! vous pensez?...

JERVIN. Mais à mon bonheur, sans doute.

CÉCILE. Et au mien, monsieur... Vous n'y pensez donc pas?... vous ne me dites rien?

(En ce moment les convives signent.)

M. DESTILLET. Eh! vite, passons au salon, où l'on doit se réunir avant le départ. (*A Jervin à demi-voix.*) Et vous, faites comme moi, soyez aimable*.

AIR *de Partie et Revanche.*

Allons, en fait de sacrifices,
Aujourd'hui ne vous plaignez pas;
Vous avez tous les bénéfices,
Et moi, mon cher, les embarras... (*bis*)
Chacun sa part... Je vous marie,
Vous me faites tous enrager;
A vous dot et femme jolie,
Mon ami, voulez-vous changer!

(Pendant ce couplet, Cécile a fait passer les invités dans l'appartement à gauche de l'acteur. Le notaire est sorti par le fond.)

* Jervin, Destillet, Cécile.

CÉCILE. Venez-vous, mon futur... Moi d'abord, je vous en préviens... je veux être gaie.

JERVIN. Et vous l'êtes toujours.

(Ils vont pour sortir.)

UN DOMESTIQUE, *annonçant.* M. Francis, du Havre, arrivant à l'instant.

JERVIN. Francis!

LE DOMESTIQUE. Une jeune fille l'accompagne.

M. DESTILLET. Une jeune fille!

JERVIN. Qui donc?

SCENE II.

LES MÊMES, ZILIA, FRANCIS.

ZILIA, *en dehors.* Venez donc, c'est ici... c'est..., (*S'arrêtant.*) Ah! monsieur Henri.

JERVIN*. Zilia.

FRANCIS. Dam! monsieur Henri, nous vous dérangeons peut-être?

JERVIN. Non, Francis; au contraire... je t'attendais.

ZILIA. Vous ne m'attendiez pas, moi?

JERVIN. Pas du tout, mon enfant... Mais tu as bien fait de venir... j'ai du plaisir à te voir.

FRANCIS. Merci, monsieur.

JERVIN. Monsieur Destillet, Cécile, je vous présente des amis de ma famille... cette jeune fille que ma mère amena d'Amérique.

CÉCILE. Ah! une créole!... c'est gentil.

M. DESTILLET. Oui, je sais... Mais vous ne nous l'aviez pas annoncée.

FRANCIS. Je crois bien... Je devais venir seul du Havre pour les affaires de la maison... mais Mlle Zilia a voulu absolument me suivre... Elle, qui, jusqu'à présent, n'avait pu perdre de vue la mer, notre port et ses mâts, elle a voulu voir Paris... Entre nous, je crois qu'elle avait peur de ne pas être de la noce.

ZILIA. Moi!... oh! non.

CÉCILE. Il n'y a pas de mal... une noce, c'est bien amusant... il faut en être... Je veux qu'elle danse.

ZILIA. Mademoiselle...

** Jervin, Zilia, Francis, Cécile, Destillet.

JERVIN. Zilia, c'est ma femme.

ZILIA. Ah!... Elle est bien jolie.

CÉCILE. N'est-ce pas?.. mais vous aussi.

M. DESTILLET. Mais d'abord, faites-la reposer... Elle paraît fatiguée.

FRANCIS. Dam!.... c'est possible..... Mlle Zélia était seule dans le coupé de la voiture, avec la vieille Madeleine, vous savez... Mais c'est égal, ça vous secoue ferme; et à Rouen nous avons été obligés de rester un jour, tant elle souffrait.

JERVIN. Elle!

FRANCIS. C'est que vous ne savez pas... elle a été bien malade... elle a manqué mourir... tenez, c'est tout juste le jour que votre lettre est arrivée... Cette lettre qui nous annonçait votre mariage pour aujourd'hui.... Je la lisais aux commis, aux ouvriers... quand tout-à-coup voilà Mlle Zilia qui tombe à la renverse... sa tête porte sur le coin d'une caisse, et le sang jaillit jusqu'à moi.

JERVIN. Ah! mon Dieu!

CÉCILE. Pauvre petite!

ZILIA. Merci, ce n'était rien... mon pied avait manqué.

FRANCIS. Eh! vite, des médecins... des médecins... les deux plus forts de la ville... l'un a dit que c'était le sang... l'autre que c'était nerveux.

AIR : *de sommeiller encor, ma chère.*

L'un ordonnait à la malade
La diète et la saignée au bout;
L'autre voulait la limonade,
Et deux purgatifs avant tout...
Ne pouvant tous les satisfaire,
A leur art, moi, qui n'entends rien,
Dam, j'ai fini par ne rien faire...
La voilà qui se porte bien.

JERVIN. Et pourquoi s'être mise en route si tôt?

ZILIA. Est-ce que vous m'en voulez, monsieur Henri?

JERVIN. Eh! non... mais ta santé...

ZILIA. Il y a si long-tems que je ne vous ai vu!

M. DESTILLET. Elle vous est bien attachée.

ZILIA. A M. Henri!..... c'est lui qui a sauvé ma mère.

M. DESTILLET. Sa mère!

CÉCILE. Et comment cela?

JERVIN. Zilia.

FRANCIS. Parbleu!... j'en ai été témoin... monsieur se jeta...

CÉCILE. Ah ! laissez-lui donc conter son aventure à elle-même.

(Francis passe entre Jervin et Zilia *.)

ZILIA. Mon Dieu ! c'est bien simple..... et pourquoi ne le dirais-je pas... à vous, à tout le monde?...j'étais bien jeune...mon père, malgré sa famille, avait épousé une pauvre femme qui l'aimait bien..il mourut ! et nous laissa au pouvoir d'un oncle riche et méchant, qui me sépara de ma mère, et la chassa, malgré ses larmes et les miennes.... il voulait me garder, moi ; mais sans ma mère..... oh ! jamais !..... je m'échappai, pour la suivre..... j'arrivai près du fleuve qu'il fallait franchir ; et là, je vis beaucoup de monde... oh ! beaucoup ! on appelait du secours...une femme venait de se précipiter dans les flots !..... mon cœur se serra !... j'avais un affeux pressentiment !..... tout-à-coup un jeune homme s'élance...il disparaît...on le croit perdu !... l'eau était si rapide : il était emporté !..... un cri de terreur fait retentir toute la rive...mais soudain : «Le voilà... le voilà !» s'écrie-t-on de tous côtés !..... c'était lui ! c'était M. Henri !... il était maître des flots, et ramenait sur le rivage cette femme qui périssait sans lui..... cette femme... c'était ma mère ! je la pressai dans mes bras..... je la réchauffai de mon haleine..... elle revint à elle... à moi...oh ! que j'étais heureuse !...etje m'en souviens encore...je m'en souviendrai toute ma vie !..... je courus à notre sauveur ; et tombant à genoux devant lui : «A vous, lui dis-je, à vous, mon maître, » tant que j'existerai..... je vous suivrai » partout... je serai votre servante, votre » esclave.

AIR : *J'en guette un petit de mon âge.*

» Pour volonté je n'aurai que la vôtre,
» Commandez-moi, je veux vous obéir ;
» Voilà mon vœu... je n'en aurai point d'autre,
» Vivre pour vous, et puis pour vous mourir ! »
Pauvre orpheline ! au sein de la misère,
Avec ma vie, ainsi je lui donnais
Ma liberté !... C'est tout ce que j'avais
Pour payer les jours de ma mère.

JERVIN, *passant auprès de Zilia.*** Assez, assez.

CÉCILE, *gaîment.* Oui, oui, assez... car je pleurerais ; et il y aurait de quoi me rendre laide pour toute la journée.

M. DESTILLET. Ah ça ! et sa mère qu'est-elle devenue ?

ZILIA. Ma mère !... elle est morte ! en faisant promettre à M. Henri de ne jamais m'abandonner.

* Jervin, Francis, Zilia, Cécile, Destillet.
** Francis, Jervin, Zilia, Cécile, Destillet.

JERVIN. Ce fut alors que nous quittâmes la colonie, pour revenir en France... et ma mère garda Zilia près d'elle.

FRANCIS. Comme sa femme de chambre.

CÉCILE, *vivement.* Vrai ? eh bien ! elle sera la mienne.

ZILIA. La vôtre !

CÉCILE. Oui, oui, la mienne.

JERVIN. Mais...

CÉCILE. Non, monsieur, non, point de mais... je le veux.

M. DESTILLET. Oh !... je le veux... Voilà que ça commence.

JERVIN, *à part.* C'est bientôt.

CÉCILE, *se reprenant.* C'est-à-dire... je le désire..... et M. Henri est trop aimable pour me refuser cela.

FRANCIS, *à part.* Elle le mènera.

CÉCILE. Et maintenant, je cours faire dire à celle qu'on attend qu'elle ne vienne pas... que je n'en veux plus.

M. DESTILLET.

AIR *de valse de Félicien David.*

Au salon on doit nous attendre,
Allons, tous les deux, hâtez-vous ;

JERVIN.

Je vous suis.

FRANCIS.

Moi, je vais me rendre
Au logis préparé pour nous.

M. DESTILLET, *à part, à Cécile.*

Folle !... « Je le veux ! » mot terrible,
Et qui fait très-mal...

CÉCILE.

Hein ! plaît-il ?

M. DESTILLET.

A l'entendre.

CÉCILE.

Dam ! c'est possible ;
Mais à dire il est bien gentil !

ENSEMBLE.

JERVIN, CÉCILE, M. DESTILLET.

Au salon on doit { nous / vous } attendre,
Allons, tous les deux, { hâtons-nous ; / hâtez-vous ;
A la mairie il faut se rendre,
Les grands parens arrivent tous.

ZILIA.

Personne ne semblait m'attendre
Je suis de trop au rendez-vous ;
Près de sa femme il va se rendre,
Ah ! je vais me cacher à tous.

FRANCIS.

Au salon vous allez vous rendre ;

Mais je veux partir avec vous :
Moi d'abord je m'en vais me rendre
Au logis préparé pour nous.

(M. Destillet, Cécile et Francis sortent par le fond. Jervin et Destillet donnent la main à Cécile et la conduisent jusqu'à la porte.)

SCENE III.

ZILIA, JERVIN.

ZILIA, *à part.* Sa femme de chambre !

JERVIN. Zilia !

ZILIA. Monsieur Henri, ah ! que je suis aise de vous revoir !

JERVIN. Et moi aussi.... Dis-moi, comment trouves-tu ma femme ?

ZILIA. Votre femme ! Vous êtes marié ?

JERVIN. A cette petite rieuse... mais à peu près... dans une heure.

ZILIA. Dans une heure!...elle est bien... oh ! oui... mais légère... un peu folle... et vous disiez pourtant...

JERVIN. Ah ! tu te souviens... en effet, c'était un de mes rêves, une de mes espérances de jeune homme... quand loin d'un monde que je ne connaissais pas, sous notre beau ciel d'Amérique, je m'abandonnais à la fougue d'un caractère impatient et sauvage... je pouvais me rêver une femme à ma fantaisie, à mon caprice... moi, vif, impérieux ! moi, dont le sang bouillonnait à l'idée seule de fléchir sous une autre volonté que la mienne. Je n'avais pas encore soumis mes passions, ma liberté aux exigences d'une société dont le joug me fatigue et me brise.

ZILIA. Cependant vous avez été libre.

JERVIN. Oui... libre de céder, d'obéir... de me sacrifier !

ZILIA. Que dites-vous ? cette jeune personne...

JERVIN. Elle est riche..... mais ce n'est pas la beauté que je rêvais, avec ses yeux brillans, ses longs cheveux, et son teint bruni par le soleil de mon pays... Eh ! qu'importe... elle est riche !... mais est-ce là le cœur qu'il me fallait ?... à moi qui appelais de tous mes vœux un cœur brûlant qui comprît le mien, qui battît avec la même violence, qui aimât avec le même abandon. Eh ! qu'importe ?... elle est riche.

ZILIA. Vous ne l'aimez donc pas ?

JERVIN. Eh ! le sais-je ?... Un enfant qui ne pense pas, qui rit toujours, à qui il faut des cachemires, des bijoux, des hochets... Le notaire vient de me dire que je l'ai choisie.... dans une heure, le maire me dira que je l'aime, m'assurera que je suis heureux !.... je serai son mari, elle sera ma femme, et tout sera dit !... Voilà comme on entend l'amour et le bonheur dans le meilleur des mondes possible.

AIR *des Deux Précepteurs.*

Oui, dans ce monde où nous voilà
Tout n'est qu'un trafic mercenaire ;
Se marier... chez ces gens-là,
S'appelle aussi faire une affaire !
Des rêves d'amour, d'amitié,
C'est en vain qu'on berce son ame...
On croit que l'on prend une femme,
On ne prend qu'un associé.

ZILIA. Mais comment se fait-il que vous ayez consenti ?...

JERVIN. Eh ! que veux-tu ?... ils ont des mots de devoir, d'honneur !.... D'honneur !... oh ! tiens, laissons cela, n'y pensons plus..... et toi, ma pauvre enfant, sois plus heureuse... Créole comme moi... si jamais du moins tu perds ta liberté...

ZILIA. Oh ! jamais sans votre ordre.... car c'est vous qui êtes mon maître... c'est à vous que j'obéirai toujours.

JERVIN. Zilia !

SCENE IV.

ZILIA, FRANCIS, JERVIN.

FRANCIS, *en dehors.* C'est bien... faites ce que je vous dis.

(Il entre par le fond.)

JERVIN. Qu'est-ce donc, Francis ?

FRANCIS. Oh ! rien... je faisais disposer pour Mlle Zilia la chambre que vous m'aviez destinée, et où j'ai trouvé le cadeau magnifique qui m'attendait.

ZILIA. Un cadeau !

FRANCIS. Une pipe, mademoiselle, mais une pipe d'écume.... superbe !... et si jamais je me remets en mer, elle fera envie à tout l'équipage.

JERVIN. Tu es content, mon brave ?

FRANCIS. Moi, monsieur Henri ?... je suis enchanté... Une pipe ! et de vous encore !.... entre elle et moi, maintenant, c'est à la vie et à la mort.

JERVIN, *lui serrant la main.* A la bonne heure. (*Passant auprès de Zilia**.) Mais toi

* Zilia, Jervin, Francis.

non plus, Zilia, je net'ai point oubliée.... tu auras aussi un gage de mon amitié.

ZILIA, *avec joie.* Moi?... oh! quel bonheur!

JERVIN. Oui, il est là.... Attendez-moi tous deux... Francis, j'aurai à te parler... et puis vous viendrez à la noce.... attendez-moi.

(Il entre dans la chambre à gauche de l'acteur.)

ZILIA, *tristement.* La noce!

SCÈNE V.

ZILIA, FRANCIS.

FRANCIS. Qu'est-ce que vous avez donc, mamzelle? vous avez l'air triste et malade?

ZILIA. Quelle idée!... malade!... si j'y pense seulement.

FRANCIS. Si fait... il y a quelque chose... vous avez des larmes dans les yeux.

ZILIA. Vous croyez?... je ne dis pas... M. Jervin malheureux!... ce mariage...

FRANCIS. Comment!.. comment! malheureux, quand il épouse une femme qu'il aime.

ZILIA. Oh! non, il ne l'aime pas.

FRANCIS. Hem! qu'est-ce que vous dites là?... une femme si gentille, si gaie, si....

ZILIA. Il ne l'aime pas, vous dis-je.

FRANCIS. Et comment savez-vous?...

ZILIA. S'il l'aimait!... mais il n'en douterait pas lui-même.. s'il l'aimait! il n'aurait pas un mot, une pensée de regret.... il aimerait jusqu'à ses défauts... toujours attaché à ses pas, il ne la quitterait plus; il s'enivrerait de bonheur et de joie... s'il l'aimait!... une heure, une minute passée loin d'elle serait un supplice insupportable: ses yeux ne chercheraient qu'elle; et près d'elle... près d'elle, son cœur battrait à se briser.

FRANCIS. Vous croyez?... c'est possible. Dam! vous vous y connaissez mieux que moi.

ZILIA. Que voulez-vous dire?

FRANCIS. Mais, ce que tout le monde disait au Havre, quand on vous voyait si triste, si malheureuse.... c'est que vous aimiez quelqu'un.

ZILIA. Moi!

FRANCIS. Oui.... en Amérique... quelqu'un que vous regrettiez toujours.

ZILIA, *se rassurant.* Ah! non, Francis, je n'aime personne, je ne suis aimée de personne.

FRANCIS. Vous, mamzelle!... ah! ne croyez pas ça.... par exemple, aimée de personne!.... si fait, voyez-vous, il y a quelqu'un qui vous aime, et fièrement encore, qui donnerait pour vous ses jours, sa fortune, tout ce qu'il a.... et d'abord, il n'a rien.... mais pour vous, mamzelle, il travaillerait, il deviendrait riche.

ZILIA. Bon Francis!.... vous m'aimez, vous.

FRANCIS. Comment!.... mais je n'ai pas dit... eh bien! oui, mamzelle, puisque vous l'avez deviné, autant l'avouer... ça me fera du bien.... oui, je vous aime.

ZILIA. Y pensez-vous?... moi, pauvre fille, la femme de chambre de Mme Jervin; car vous l'avez entendu.... elle me prend pour femme de chambre... (*A part.*) Femme de chambre!

FRANCIS. Du tout.. vous seriez plus heureuse... et libre!... D'abord, moi, je vous suivrai partout... en Amérique, si voulez.

ZILIA. En Amérique... quitter la France!... oh! non, jamais.

FRANCIS. Jamais!.... et voilà qui m'étonne; car enfin, c'est là votre pays.... c'est là que vous avez encore un oncle si riche et si vieux, dont vous attendiez des nouvelles en quittant le Havre... et si c'est vrai, ce qu'on vous a mandé, qu'il est malade, très-malade... vous seriez peut-être son héritière.

ZILIA. Eh! que m'importe à présent?

FRANCIS. Comment, que vous importe? Mais savez-vous que son correspondant du Havre me disait, il n'y a pas plus de huit jours, qu'il avait encore une somme énorme à lui faire passer... Oh! ce n'est pas pour ça que je vous aime, au moins... car enfin, s'il vous déshéritait, comme il vous en a menacée à votre départ, je ne vous en aimerais pas moins, voyez-vous.

ZILIA, *souriant.* Merci, Francis.

FRANCIS. Eh! mamzelle, vous me remercierez quand vous serez heureuse.

ZILIA. Ah! c'est lui!

SCENE VI.

LES MÊMES, JERVIN *et* CÉCILE, *sortant de la chambre à gauche.*

CÉCILE. Ce sera pour moi.... tout est pour moi aujourd'hui.... et quant au cadeau, je veux le faire moi-même.

JERVIN*. A la bonne heure... Zilia, je t'ai promis un gage, un souvenir de l'amitié que j'ai pour toi.

ZILIA. Oh! oui, monsieur Henri.... de votre main.... j'y tiens.... j'y tiens beaucoup.

JERVIN. Et c'est une montre.

ZILIA. Une montre!.... ah! que c'est bien d'y avoir pensé.

CÉCILE. Mais non pas, c'est moi... c'est une idée que j'ai eue, et j'y tiens.... dam! quand on n'en a pas beaucoup.

(Elle passe auprès de Zilia **.)

ZILIA. Ah! c'est madame.

CÉCILE. Oui, ma petite... et une montre à moi, encore!

AIR *de Céline.*

C'est ma montre de jeune fille,
Pendant deux ans... quels souvenirs!
Elle a marqué de son aiguille
L'heure du bal et des plaisirs.
Ce matin, elle, la première,
M'a dit: « Sois dame. . » De bon cœur
Prenez-la donc... Qui sait, ma chère,
Elle peut vous porter bonheur...
Prenez-la donc; qui sait, ma chère,
Elle vous portera bonheur.

et avec mon chiffre, tenez: C. B., Cécile Bourdais.

FRANCIS. Bourdais!... ah! c'est le nom de mademoiselle?

JERVIN. Sans doute.

CÉCILE. Eh bien!... quelle figure étonnée! Dieu! qu'il a l'air bête, ce garçon-là! (*Zilia, qui est devenue triste, laisse tomber la montre*). Ah! mon Dieu! faites donc attention.

ZILIA. Ah! pardon... je ne voyais pas; je....

CÉCILE. Vous l'avez brisée.... maladroite.

JERVIN. Elle lui est échappée.. (*Passant auprès de Zilia.****) Mais quelle pâleur!... Zilia... elle se trouve mal.

* Francis, Zilia, Jervin, Cécile.
** Francis, Zilia, Cécile, Jervin.
*** Francis, Zilia, Jervin, Cécile.

ZILIA. Non, non, je suis bien.... très-bien....

FRANCIS. Permettez.... M. Bourdais.... parente de M. Bourdais de Cherbourg!

CÉCILE. Et parente de très-près, voyez-vous... c'est mon père.

FRANCIS. Votre père!.... M. Bourdais qui est à Londres en ce moment?

JERVIN. Mais oui.

FRANCIS, *bas à Jervin, en venant auprès de lui**.) Monsieur, il faut que je vous parle... il le faut... renvoyez-la.

CÉCILE. Mais à qui en a-t-il donc?.... (*A Zilia.*) Venez, mon enfant, venez entrer en fonctions.... vous m'attacherez mon bouquet de mariée... car nous allons partir, monsieur Henri.

ZILIA. Son bouquet.

FRANCIS, *bas à Zilia.* Allez, et ne vous pressez pas... le mariage n'est pas près de se faire.

ZILIA. Vous dites...

JERVIN. Je vous suis... allez.

FRANCIS. Bourdais!...

CÉCILE. Ce garçon est fou assurément.

(Elle entre dans la chambre à droite, Zilia la suit, en regardant toujours Francis avec surprise.)

SCENE VII.

FRANCIS, JERVIN.

JERVIN, *regardant sortir Zilia.* Pauvre enfant! elle paraît bien souffrante!... (*A Francis.*) Mais toi, voyons, qu'as-tu à me dire?... d'où vient cet air mystérieux au nom de mon beau-père?

FRANCIS. Votre beau-père... il ne l'est pas encore, je l'espère bien.

JERVIN. Et pourquoi cela?

FRANCIS. Pourquoi?... mais vous ne savez pas ce qui l'a fait filer à Londres?

JERVIN. Ses affaires l'y retiennent.

FRANCIS. Et la peur de ses créanciers.

JERVIN. Que dis-tu?

FRANCIS. Je n'ai entendu parler d'autre chose au Havre, à Rouen.

JERVIN. Il se pourrait!.... mais il annonce son retour.

FRANCIS. Il ne reviendra pas... débâcle complète.

* Zilia, Francis, Jervin, Cécile.

JERVIN. Ah! diable! voilà qui change tout.

FRANCIS. Mais je l'espère bien.... vous, un brave homme!...

AIR *des Maris ont tort.*

Vous allier à lui.

JERVIN.

Non, certe,
C'est un piége qu'il me tendait.
Mais, grâce à cette découverte,
Je romprai tout, et sans regret,
Oui, je romps tout, et sans regret.
Ce bon père, d'un air bien tendre,
M'a promis la dot en écus.

FRANCIS.

Il vous l'empruntait, et son gendre
N'était qu'un créancier de plus.

JERVIN. Enfin, me voilà libre.... me voilà sauvé! Ah! M. Destillet... laisse-moi seul avec lui... Cours à la poste... M. Bourdais a dû écrire... ses lettres doivent être arrivées... va, dépêche-toi. (*Francis sort par le fond.*) Allons, du courage!.... aujourd'hui, c'est facile.

SCENE VIII.

JERVIN, M. DESTILLET.

M. DESTILLET, *entrant par le fond.* Eh bien! eh bien! le marié, où diable est-il donc? Eh! vite, mon cher, prenez vos gants, votre air aimable, et venez donner la main à votre femme... nous partons.

JERVIN. Je ne peux pas.

M. DESTILLET. Hem!... est-ce que vous croyez qu'on peut vous marier sans que vous soyez là?

JERVIN. Je ne me marie plus.

M. DESTILLET. Ah! bah... pas de plaisanterie... la noce est prête... on déjeûne au retour, et il n'est pas permis de faire attendre ainsi de grands parens... des parens respectables qui meurent de faim... Venez, la mariée...

JERVIN. Écoutez-moi, monsieur Destillet.

M. DESTILLET. Hem!

JERVIN. Les malheurs de mon père, les besoins de ma maison m'avaient mis dans une situation désespérée... Pour en sortir, il n'y avait qu'un moyen.

M. DESTILLET. Oui, la maladie à la mode... Vous vouliez vous faire sauter le peu de cervelle que vous avez.

JERVIN. Eh! qu'y aurais-je perdu?

M. DESTILLET. Vous, à la bonne heure.... mais vos créanciers!... Vous êtes jeune, ardent, laborieux... que diable!... c'est un gage pour eux, et il ne vous est pas permis de le leur enlever... Aussi moi, leur chef, par mon âge, ma position, ma créance... j'ai eu pitié de votre désespoir... je les ai calmés, je suis venu à votre secours, non de ma bourse, il y en avait assez comme ça... mais par un bon mariage... ça vaut mieux, et ça ne me coûte rien.

JERVIN. Mais à moi, monsieur, la perte de mes espérances, de mes illusions.

M. DESTILLET. Ah! oui, des illusions!.. vous viviez de cela, vous... avec votre caractère passionné et presque sauvage, vous luttiez contre la civilisation... il vous fallait un mariage d'amour... une femme parfaite... ça n'avait pas le sens commun... grâce à moi, vous faites une excellente affaire, qui vous donne pour femme un petit démon; et pour dot, de l'argent, beaucoup d'argent... c'est le pivot des sociétés modernes.

JERVIN. Mais enfin...

M. DESTILLET. Mais enfin, votre maison marche, votre honneur est sauvé, et vos dettes se paieront..... Tout le monde est content.

JERVIN. Excepté moi.

M. DESTILLET. Ce n'est pas nécessaire.

JERVIN. Mais, cruel homme que vous êtes!... si cette dot qui vous éblouit n'était aussi qu'une illusion?

M. DESTILLET. Laissez-moi donc tranquille.

JERVIN. Si l'on nous trompait?

M. DESTILLET. Plaisanterie.

JERVIN. Vous, tout le premier.

M. DESTILLET. C'est impossible.

JERVIN. Eh bien! non... M. Bourdais est ruiné... il n'est à Londres que pour échapper à la justice... Sa faillite est imminente.

M. DESTILLET. Permettez, permettez... Diable! ne plaisantons pas... ruiné!... c'est une autre affaire... Je n'ai qu'un désir, c'est d'assurer votre bonheur et ma créance... Voyons, vous dites...

JERVIN. Que ce n'est plus un mystère au Havre, à Cherbourg, à Rouen.

M. DESTILLET. Eh! mais... eh! mais, écoutez donc... j'en suis fâché pour la noce... elle attendra (*ôtant ses gants*) huit jours, s'il le faut... Seulement, pour que rien ne soit perdu, nous mangerons le déjeuner.

JERVIN. Ainsi, vous ne me pressez plus... vous rompez?

M. DESTILLET. Eh non! j'ajourne, voilà tout... Il faut que j'aille aux informations... et d'abord, j'envoie à la mairie, c'est à deux pas... et puis, j'ai là le notaire, les grands parens... je vais leur parler, savoir... Voyez un peu... c'est le premier mariage dont je me mêle, depuis le mien... comme j'ai la main heureuse!

JERVIN. Ah! tout ce que je vous dis est vrai... et cette absence...

M. DESTILLET. C'est bien; mais silence! vous concevez... cette pauvre Cécile... la famille... il faut des ménagemens, de la discrétion... chut! (*Zilia paraît.*) Quelqu'un... ne dites rien, et venez me rejoindre... Silence!...

(Il sort par le fond.)

SCÈNE IX.

ZILIA, JERVIN.

JERVIN. Soyez tranquille... Enfin, il me semble que je respire plus librement.

ZILIA, *entrant par la droite.* Mon Dieu! comme vous paraissez plus gai, plus heureux que tout à l'heure.

JERVIN. Ah! ma petite Zilia, mon amie, ma sœur... c'est que je le suis en effet.

ZILIA. Ce que m'a dit Francis de ce mariage...

JERVIN. Ce mariage!... il est rompu.

ZILIA, *avec joie.* Rompu!... il se pourrait!

JERVIN. Oui, j'étais bien triste, bien maussade ce matin, n'est-ce pas? j'avais là un poids qui m'étouffait... mais, à présent, c'est fini... Plus de noce, plus de contrat : c'était une chaîne, je l'ai brisée.

ZILIA. Et vous avez bien fait, puisque vous n'aimiez pas.

JERVIN. C'était un mariage de spéculation... car, vois-tu, je me vendais pour de l'or : j'épousais une dot... voilà tout.

ZILIA. Comment! vous, monsieur Henri, si bon, si aimant... c'était pour de l'or... pour une dot?

JERVIN. Oui... des dettes à payer... une maison à soutenir... mon honneur à sauver, à ce qu'ils disaient.

ZILIA. Oh! non, non... l'honneur n'exige pas qu'on fasse son malheur, celui d'un autre... Il faut qu'on soit heureux d'abord... vous méritez tant de l'être!

JERVIN. Me le permettront-ils?.... ne viendront-ils pas encore une fois forcer ma volonté?... me soumettre à leurs usages?.. et s'ils me présentent une de leurs poupées de Paris?...

ZILIA. Il faut refuser... Vous n'êtes pas un esclave, vous... vous êtes votre maître... Oh! restez libre, comme par le passé, avec nous qui vous aimons... Si vous avez des chagrins, nous les partagerons... pour vous consoler, monsieur Henri, pour vous débarrasser de tous ces méchans qui vous tourmentent.... vous travaillerez, nous aussi... Francis est un second vous-même... et moi... moi, monsieur Henri, je ne suis qu'une pauvre fille, mais dans votre maison il n'y a personne qui ait pour vous plus de dévouement et de courage... il n'y a personne qui fût plus fier de vous sacrifier sa liberté, sa vie..... Vous savez que tout cela est à vous depuis le jour où vous m'avez rendu ma mère.

JERVIN. Bonne Zilia... je n'oublierai pas votre amitié à tous deux... et que tu as renoncé, pour nous suivre, à ton pays... à la fortune de ton oncle.

ZILIA. Je ne regrette rien.

JERVIN. Non, je ne vous quitterai plus... et s'il faut m'enchaîner, me donner une femme...

ZILIA. Eh bien! alors, du moins, vous prendrez une jeune fille que vous pourrez aimer... qui vous aimera... nous vous quitterons... vous serez heureux... vous n'aurez plus besoin de nous.

JERVIN, *sans l'écouter.* Une femme..... une créole peut-être... comme moi, dont l'amour brûlant trahira l'origine... une ame de feu... une femme comme toi, Zilia, dont les regards passionnés seront comme un souvenir, comme un reflet du beau ciel qui m'a vu naître.

ZILIA. Ah! vous parliez ainsi, lorsque, loin de l'Europe, et sous nos belles forêts, assise à vos pieds, moi, pauvre enfant, j'écoutais en extase vos projets, vos espérances qui faisaient battre mon cœur!... Vous me regardiez d'un air si bon, si tendre... comme à présent.

JERVIN. Et si tu savais quelles idées s'emparaient alors de moi... Ah! souvent depuis je les ai retrouvées là.

ZILIA. Monsieur Henri, que voulez-vous dire?

JERVIN. Oui, quand je te voyais si belle, si dévouée...

ZILIA. Vous le remarquiez.

JERVIN. Zilia!...

SCENE X.

LES MÊMES, M. DESTILLET*.

M. DESTILLET, *sortant de la chambre à gauche et riant.* Ah! ah! ah! ah!... c'est vous?... Eh! vite, venez donc, avec vos beaux renseignemens.

JERVIN. Vous dites?

M. DESTILLET. Je dis que votre beau-père, M. Bourdais qui est en fuite...

JERVIN. Eh bien?

M. DESTILLET. Vient d'arriver par le courrier du Havre.

JERVIN. Grand Dieu!

M. DESTILLET. Toujours riche et considéré... Il est là, dans le salon, avec sa fille, les grands parens... ils vous attendent... Eh bien!... vous voilà immobile!... vous ne m'entendez pas?

JERVIN. Si fait, si fait..... Quel est ce bruit?... les voitures...

M. DESTILLET, *le prenant par le bras.* Venez donc... dépêchez-vous... il n'y a pas une minute à perdre...

(Il l'entraîne, et le fait entrer avec lui dans la chambre à gauche.)

SCENE XI.

ZILIA, *seule.*

Il l'emmène!..... Et le retour de cet homme... eh! que m'importe?... tout est rompu, Henri va lui déclarer... (*Se laissant tomber dans un fauteuil.*) Ah! je ne me soutiens plus... ce qu'il m'a dit tout à l'heure... le son de sa voix... les regards qu'il attachait sur moi... tout est là, tout!.. Je me sentais rougir, trembler... j'aurais voulu le fuir, et pourtant je restais immobile à le regarder, à l'entendre!... Il aime... oh! oui... ces souvenirs... ces idées dont il me parlait... il aime... et ce n'est pas elle... ah!

AIR : *Je sais attacher des rubans.*

Mes yeux se fixaient sur les siens,
Je crus y voir de la tendresse;
Ah! s'il avait lu dans les miens!...
Que dis-je?... quelle est ma faiblesse!...
Loin de moi rêves de bonheur,
Aucun espoir ne vous seconde...
Je n'ose interroger mon cœur,
Car j'ai trop peur qu'il me réponde.

SCENE XII.

FRANCIS, ZILIA.

FRANCIS, *à la cantonnade, au fond.* C'est bien... me voilà... attendez-moi donc.

ZILIA. Francis...

FRANCIS, *entrant.* Ah! mademoiselle... voilà un paquet à votre adresse... (*Il lui donne un paquet cacheté.*) Il vient d'arriver ce matin par le courrier du Havre, qui ramène ce M. Bourdais, vous savez... ce beau-père.

ZILIA. Cela pour moi?

FRANCIS. Et voyez... cela vient de plus loin... d'Amérique... il paraît que le bâtiment qui l'apportait est entré dans le port le jour de notre départ.

ZILIA. Des lettres...

FRANCIS. Des nouvelles de votre oncle, du pays... que sais-je?... Ah! mon Dieu! un cachet noir!

ZILIA. Que dites-vous?

FRANCIS. Ce n'est peut-être pas ça..... Mais on m'attend... adieu!... Je vais arriver trop tard... ah! j'en serais fâché..... ce bon M. Henri.

(Il sort en courant.)

SCENE XIII.

ZILIA, *seule.*

Un cachet noir! qu'est-ce donc?... Ma main tremble... Mon oncle... mais je le connaissais à peine... mais il avait chassé ma mère... moi-même, déshéritée par lui... (*Elle brise le cachet, ouvre la lettre et lit.*) Ah! mort... mort!... En parlant de moi... de moi, sa seule parente, qu'il avait rendue si malheureuse... il me demandait grâce... Toute sa fortune à moi! sa fortune!... je suis riche!... oh! oui, riche comme cette Française qu'Henri n'aime pas... riche.... plus qu'elle peut-être... riche! Mais alors, on ne me repoussera plus comme une pauvre fille... il peut m'aimer, moi... Je puis lui dire que depuis cinq ans je l'aime.....

* Zilia, Jervin, Destillet.

je n'aime que lui... je n'existe que pour lui!... Ou plutôt, non, pas d'amour, pas de contrat, pas de sacrifice!... Je lui dirai: tenez, prenez tout... ces biens, cette fortune, tout est à vous, comme moi..... comme... (*Elle tombe à genoux.*) Oh! mon Dieu! mon cœur bat à me briser la poitrine. (*Elle se relève.*) Je suis folle de joie*. J'en mourrai, Henri!... Ah! courons...

SCÈNE XIV.

ZILIA, FRANCIS; *ensuite* JERVIN, CECILE, M. DESTILLET, LA NOCE.

FRANCIS, *accourant.* Les voilà!... les voilà!...

ZILIA. Qui?

FRANCIS. Eh bien! eux... les mariés...

* A partir de ce moment, on entend une musique gaie qui se rapproche jusqu'à l'entrée de la noce.

ZILIA. Les...

FRANCIS. Je vous disais bien que j'arriverais trop tard... Heureusement, la mairie est à deux pas, et j'ai encore entendu le oui solennel... C'est fini.

ZILIA. Fini!... quoi donc?

FRANCIS. Mais le mariage... le maire a lu le Code : M. Henri tenait la main de sa femme... Tenez... les voilà.

(Cécile et Henri paraissent en tête de la noce; Cécile en mariée, voile, bouquet, etc.)

ZILIA, *les apercevant.* Henri!.. sa femme!... ah!

FRANCIS. Eh! mais, cette pâleur... Vous chancelez, mademoiselle.

ZILIA. Je me meurs!

(Elle tombe dans les bras de Francis; Cécile, Henri, M. Destillet, accourent et se pressent autour d'elle. Crescendo de musique. La toile tombe.)

FIN DU PREMIER ACTE.

ACTE II.

Le théâtre représente un petit salon, chez Jervin, au Havre; porte au fond, portes latérales; portes aux angles de l'appartement; celle de l'angle à droite est la porte de l'appartement de Cécile; à droite de l'acteur, auprès de la porte latérale, une table de toilette; à gauche, sur le devant, une petite table couverte d'un tapis.

SCÈNE PREMIÈRE.

FRANCIS, M. DESTILLET.

FRANCIS, *entrant par la porte latérale à droite de l'acteur, et parlant à la cantonnade.* Ainsi, madame va mieux... merci, merci.

MONSIEUR DESTILLET, *entrant par le fond.* Ah! ah! ce cher monsieur Francis... je vous cherchais... toujours aux affaires.

FRANCIS. Eh! monsieur Destillet! descendu au Havre de si bonne heure.

MONSIEUR DESTILLET. Cela vous étonne, n'est-ce pas?... j'aime à rester là haut..... sur la côte d'Ingouville, qui est un séjour si délicieux...quel air excellent! quel coup-d'œil superbe! Tout le monde, par ton, plus que par goût, s'en va chercher de la vue au nord, ou au midi, que sais-je?... moi, j'ouvre ma fenêtre, et je me dis, en planant sur la ville, où se balance une forêt de mâts sur la mer, si belle un jour de tempête:

AIR: *Ces postillons sont d'une maladresse.*

En Italie, en Suisse, allez, notaires
Et procureurs, et jusqu'au petit clerc,
Lorsque septembre a fait trève aux affaires,
Cherchez bien loin de la vue et de l'air,
Et vos cliens patront ça cet hiver.
Courez, flanez, pour avoir de quoi dire...
Emerveillé de tout ce que je voi,
J'ai mieux que vous gratis, et je l'admire
Sans sortir de chez moi.

Ce qui ne m'empêche pas de quitter quelquefois ma terrasse, pour visiter mes amis... ce bon Jervin, par exemple... est-il de retour de Paris?

FRANCIS. Pas encore... il doit être bien impatient de se retrouver dans sa maison, au milieu de ses affaires.

M. DESTILLET. Et près de sa petite femme. ....un trésor que je lui ai donné! Et ce n'a pas été sans peine... ce pauvre garçon... quelle tête!... quel caractère!... avec ses mœurs à demi sauvages, et ses idées dans l'autre monde!... Il a fallu le mater, le forcer à être heureux... et si l'honneur de son père n'eût pas été mis en jeu, je ne sais ma foi pas si nous en serions venus à bout... enfin, il a fléchi, il s'est marié à notre goût..... il marche au pas comme un Parisien...et maintenant je suis sûr qu'il me rend grâce de l'avoir fait entrer dans le corps respectable des maris, et de l'avoir mis à même de payer ses créanciers, à commencer par moi.

FRANCIS. Pour ce qui est du mariage, il aurait bien raison..... madame est si amusante... une petite folle qui est toujours là, à le tourmenter, à le faire donner au diable.

M. DESTILLET. Ils s'adorent.

FRANCIS. Je le crois... les premiers huit jours surtout, ça me faisait cet effet-là... madame aimait son mari... mais elle l'aimait, comme une femme qui se dépêche d'en finir..... et monsieur aussi avait l'air de s'y mettre.

M. DESTILLET. Voyez-vous, voyez-vous..... j'en étais sûr..... et à présent!...

FRANCIS. Oh! à présent, c'est comme partout... un amour bien uni, bien tranquille..... comme la mer, dans un tems calme... un calme plat.

M. DESTILLET. Allons donc..... vous ne vous y connaissez pas, mon cher... Jervin est amoureux, et très-amoureux... un jour je l'ai surpris rêveur; il soupirait, il avait des larmes dans les yeux.

FRANCIS. Vous croyez, monsieur?..... alors tant mieux..... je craignais que les retards de M. Bourdais à payer la dot de sa fille ne fussent une cause de tracasseries... parce que vous savez, les discussions entre le gendre et le beau-père, ça met du froid dans le ménage....... déjà M. Jervin devenait sombre et triste.

M. DESTILLET. Bah! il va nous revenir plus gai, plus aimable... d'ailleurs le beau-père s'exécute... témoin la somme que vous avez reçue hier... allons, ça va bien; c'est un bon mariage que j'ai fait là... c'est le second..... il me dédommage du premier.

FRANCIS. Bah !... le premier, c'était ?...

MONSIEUR DESTILLET. Le mien..... une femme superbe qui s'est fait enlever par un officier de l'empire..... Après notre divorce, elle a épousé un préfet de la restauration... et maintenant c'est la femme d'un pair de France, en troisième noces... Dam! elle monte..... elle monte... ah! ah! ah!

(Il rit.)

FRANCIS. Et vous en riez?

M. DESTILLET. Oh! je ris jaune... D'ailleurs, je suis tout consolé.

AIR : *Traitant l'amour sans pitié.*

Heureux comme me voilà,
Qu'une loi prudente et sage
Ait rompu mon mariage;
Car, avec le goût qu'elle a,
Ce goût d'augmenter sans cesse
Sa fortune ou sa noblesse,
Et de changer par tendresse
De mari bon gré mal gré,
Pour avoir une vacance...
Sans le divorce, je pense,
Elle m'aurait enterré.

Mais laissons cela... tenez, la route m'a fatigué... j'ai besoin de prendre quelque chose... faites-moi donner...

FRANCIS. Tout de suite.

(Il sonne.)

M. DESTILLET. J'ai voulu voir Cécile... elle était sortie.

SCENE II.

LES MÊMES, ZILIA.

ZILIA, *entrant par la porte de l'angle à droite.* On a sonné.

FRANCIS *. Ce n'est pas vous, mademoiselle.

M. DESTILLET. Eh! la petite femme de chambre !..... si fait, mon enfant, si fait... approchez.

ZILIA. Monsieur a appelé... monsieur a demandé?

M. DESTILLET. Oh! presque rien... un doigt de vin de Bordeaux, et un biscuit... mais qu'avez-vous donc, vous êtes bien émue... vous avez les yeux rouges... est-ce que vous avez pleuré?

ZILIA. Moi! non monsieur, non.... mon Dieu! est-ce que vous n'avez pas de nouvelles de M. Henri?

* Francis, Zilia, M. Destillet.

FRANCIS. Aucune... mais nous l'attendons, mademoiselle... le bateau à vapeur nous l'amènera peut-être ce matin..... un peu tard.

M. DESTILLET. Dam! *le Jambart* est un bon coureur; mais il ne peut pas marcher sans la marée.

ZILIA. C'est juste... et du moment qu'il n'y a pas de danger... vous n'êtes pas inquiets, n'est-ce pas?

FRANCIS. Inquiets!

M. DESTILLET. Et pourquoi donc?

ZILIA. C'est que la mer est bien mauvaise, et que l'entrée du port, en face d'Honfleur... par un gros tems... cela me fait toujours peur.... mais puisque ces messieurs ne craignent rien... oh! ni moi non plus... je suis rassurée... (*A M. Destillet.*) Tout de suite, monsieur, tout de suite, vous êtes servi.

(Elle sort vivement par la gauche; Francis la suit des yeux.)

SCENE III.

FRANCIS, M. DESTILLET, *ensuite* JERVIN.

M. DESTILLET. Une bonne personne, cette petite femme de chambre.

FRANCIS, *soupirant.* Oh! oui, excellente.

M. DESTILLET. Bien attachée à ses maîtres.

FRANCIS, *de même.* Oh! oui, beaucoup.

M. DESTILLET. Hem! un soupir!... ah! mon Dieu!... La drôle de figure!

JERVIN, *en dehors.* Bonjour, mes amis, bonjour.

FRANCIS. Eh! mais..... Qu'est-ce que j'entends?

M. DESTILLET. Parbleu! c'est lui.

JERVIN, *entrant**. Ah! Francis!..... Monsieur Destillet, bonjour, je suis bien aise de vous revoir.

M. DESTILLET. C'est heureux!..... Et dites-moi tout de suite... votre voyage a été...

JERVIN. Détestable... Triste pays que le vôtre, où l'on ne peut faire un pas sans trouver des inquiétudes et des chagrins nouveaux.

* Francis, Jervin, M. Destillet.

FRANCIS. Ah! mon Dieu! et votre beau-père?...

JERVIN. Mon beau-père... mon beau-père... c'est un fripon.

M. DESTILLET. Hem!... vous dites?...

JERVIN. Comment va-t-on ici?

FRANCIS. Madame a été un peu souffrante... elle s'est trouvée mal hier, à la soirée du préfet maritime.

JERVIN. Et pourquoi va-t-elle à des bals, à des soirées sans moi?

M. DESTILLET. Toujours amoureux!

JERVIN. Monsieur.

SCÈNE IV.

LES MÊMES, ZILIA.

ZILIA, *portant un plateau chargé.* Voilà, monsieur, ne vous impatientez pas.

JERVIN. Zilia.

ZILIA. Ah! (*Elle s'arrête immobile, et regarde Jervin en faisant trembler le plateau.*) Monsieur Henri!...

M. DESTILLET. Eh bien!... eh bien!... vous allez tout briser.

(Il prend le plateau, le place sur la table et s'assied*.)

ZILIA. Pardon... C'est que je m'attendais si peu..... Je n'avais pas entendu..... Vous vous portez bien, monsieur Henri?

JERVIN. Très-bien... (*Lui tendant la main.*) Mais toi, Zilia, je te trouve bien changée... tu souffres...

FRANCIS. Oui, monsieur; n'est-ce pas? c'est ce que je lui dis tous les jours.

ZILIA. Vous vous trompez, je vous assure... je n'ai rien.

M. DESTILLET, *la regardant.* Quoi! pas même un peu d'amour?

ZILIA. Moi?...

M. DESTILLET. Oui, vous...., pour ce pauvre Francis, qui en a tant.

JERVIN. Francis!... En effet, il m'a écrit... (*Se contraignant.*) Mais ma femme est chez elle... et je vais...

(Il fait quelques pas vers l'appartement de Cécile.)

ZILIA. Non, monsieur... non... madame est sortie pour les apprêts d'un bal que le maire donne ce soir.

* Francis, Jervin, Zilia, Destillet, *à table.*

M. DESTILLET. Oui, nos autorités dansent beaucoup.

JERVIN. Un bal encore!... elle ira danser, se donner en spectacle... lorsque mon crédit, mon honneur sont compromis..... mon honneur!... ah! il faudrait en mourir! et quand je songe qu'hier nous avions trente mille francs à payer... il a fallu suspendre....

FRANCIS. Point du tout... j'ai payé.

JERVIN. Payé!... et comment cela?

FRANCIS. Vous ne savez donc pas!..... ces trente mille francs en billets, que j'ai reçus de votre part... Est-ce que vous n'étiez pas instruit?

JERVIN. Pas le moins du monde.

FRANCIS. Ce n'est pas vous qui avez envoyé?...

JERVIN. Mais non... rien.

FRANCIS. Ce garçon m'a dit pourtant...

JERVIN. Il vous a trompé.

(Zilia offre à boire à M. Destillet, qui tend son verre.)

M. DESTILLET. Voilà un conte des Mille et une Nuits.

JERVIN, *après un moment de silence, regardant Destillet.* Ah! Destillet.

M. DESTILLET. Hem!

JERVIN. Mon ami, je devine.

M. DESTILLET. Par exemple!

FRANCIS. Le fait est que j'en ai eu l'idée.

JERVIN. Tant de générosité.

M. DESTILLET, *se levant*.* Mais non..... mais non...

AIR : *Contentons-nous d'une simple bouteille.*

Eh! mais, mon cher, vous êtes admirable!
Moi, vous donner un bon quart de mon bien!

JERVIN.

Eh! oui, vraiment.

M. DESTILLET.

Moi, j'en suis incapable.

JERVIN.

Si ce n'est vous, je n'y comprends plus rien.

M. DESTILLET.

Ni moi non plus... Mais s'il faut qu'on envoie
Aux pauvres gens de l'or à recevoir...
Moi, j'ouvrirai les deux mains avec joie.

JERVIN.

Pour en donner?

* Francis, Jervin, Destillet, Zilia.

M. DESTILLET.

Eh! non, pour en avoir.
Oui, j'ouvrirai les deux mains avec joie,
Non pour donner, mais bien pour recevoir.

JERVIN. Mais enfin...

M. DESTILLET. Allons donc..... c'est m'humilier que de revenir là-dessus.

FRANCIS et JERVIN. Vous humilier!

M. DESTILLET. Dam! c'est comme si vous disiez : « Ce sacrifice, vous pouviez le faire, vous ne l'avez pas fait... » Cela devient un reproche... c'est clair; n'en parlons plus.

JERVIN. A la bonne heure; mais je n'en aurai pas moins une éternelle reconnaissance.

M. DESTILLET. Eh! non.

JERVIN. Si fait, si fait, c'est vous... (*A Zilia.*) C'est lui.

ZILIA, *d'une voix tremblante*. Certainement c'est vous.

JERVIN. Parbleu! c'est vous.

M. DESTILLET. Mais quand je vous dis... Oh! ma foi!... allez-vous-en au diable.

SCENE V.

LES MÊMES, CÉCILE, *entrant par le fond*.

CÉCILE, *à la cantonnade*. C'est bien, posez cela dans le salon... je suis à vous.

ZILIA. Ah! madame.

CÉCILE*. Mon mari est ici... Henri!.. On ne m'avait pas trompée... (*Elle se jette dans ses bras.*) Bonjour, mon ami... Vous être fait attendre si long-tems... c'est bien mal!... (*Retournant au fond.*) Tirez la robe du carton; mais prenez garde de la chiffonner.

M. DESTILLET, *à Jervin*. Votre retour la trouve sensible.

JERVIN, *souriant*. Oui, sensible à la fraîcheur de sa robe.

CÉCILE. Oh! que vous avez bien fait de revenir, mon cher Henri!... Je souffrais de votre absence... mais beaucoup... Vous voici, vous me menerez au bal ce soir.

JERVIN. Au bal!... je vois qu'en effet ma présence était vivement désirée.

M. DESTILLET, *bas à Cécile*. Petite folle!

* Francis, Jervin, Cécile, Destillet, Zilia.

CÉCILE. Ah! mon Dieu!... est-ce que c'est mal ce que j'ai dit là?... Je pensais beaucoup à vous, mon ami : demandez à Zilia si je ne parlais pas de vous, hier encore. (*Zilia enlève le plateau et le porte dans la chambre à gauche*) en faisant ma toilette pour aller au roût de la préfecture, où je me suis bien amusée... j'ai dansé toute la nuit... (*Se reprenant.*) Dam! pour m'étourdir.

M. DESTILLET. Le fait est que danser, ça n'empêche pas d'aimer son mari.

CÉCILE. Au contraire.

JERVIN. J'aurais mieux aimé pourtant que madame ne s'y montrât pas... je l'en avais priée.

CÉCILE. C'est vrai... mais que veux-tu! c'est si gentil... Moi, d'abord, je n'ai pas le courage de refuser ce qui me fait plaisir...

FRANCIS, *à part*. Diable! ça peut mener loin.

CÉCILE. Mais voyons, monsieur, quittez cet air maussade que je n'aime pas du tout... Dites-moi plutôt comment se porte mon père?

JERVIN. Oh! très bien.

CÉCILE, *lui donnant un papier*. Eh! tenez, payez cette facture..... une parure charmante que je viens d'acheter.

(Zilia rentre.)

JERVIN. Une parure!... et à quel propos?

CÉCILE. La fête de ce soir.

JERVIN. Oh! vous n'irez pas... ni moi non plus... j'éprouve des embarras de commerce, qui ne me permettent pas de me réjouir.

CÉCILE. Eh bien! vous ne vous réjouirez pas.

M. DESTILLET. Au fait... on peut aller au bal sans cela... et puis, l'inconnu qui a payé deux fois ne restera pas en si bon chemin.

JERVIN. Si vous vous chargez des paiemens de la journée.

FRANCIS, *qui est passé à la gauche de M. Destillet, lui dit bas*. Vingt-cinq mille francs.

M. DESTILLET. Moi! ce n'est pas probable. (*A demi-voix.*) Mais le beau-père...

JERVIN, *à demi-voix*. Oui, dans un an, et moi, dans huit jours, je suis perdu... (*Bas à Cécile.*) Ainsi, madame...

CÉCILE. Oh! moi, monsieur, je n'entends rien aux affaires, vous le savez bien .. Mais la parure est achetée... et vous la paierez.

JERVIN. Madame!

CÉCILE. Vous la paierez... Je vois que vous ne me rapportez que de la mauvaise humeur... c'est très-mal... et si vous êtes revenu pour me défendre d'aller au bal, me refuser de l'argent, et me faire ma moue, autant valait rester à Paris... (*A Destillet.*) Mais grondez-le donc, mon bon ami... Vous ne dites rien, vous ne me soutenez pas.

M. DESTILLET. Mais, ma chère...

ZILIA, *qui est au fond à gauche avec Francis, lui dit bas.* Venez, Francis; il faut que je vous parle à l'instant.

FRANCIS. Je vous suis. (*Bas à Jervin, qui s'est assis au fond.*) Monsieur, pensez à ma lettre.

CÉCILE, *à Zilia.* Eh bien! mademoiselle, que faites-vous là?... et ces étoffes qu'on vient d'apporter... et ma toilette à préparer... mais allez donc!... (*A part, en regardant Jervin.*) Et moi, qui espérais lui dire... Eh bien! non, il ne saura rien. (*Elle passe devant lui en le regardant en silence; et au moment d'entrer dans la chambre à droite, elle se retourne vers lui, en disant.*) Adieu, méchant.

(Elle entre à droite.

ZILIA, *se rapprochant de Jervin.* Monsieur Henri, vous n'avez besoin de rien?.. Vous paraissez fatigué.

JERVIN. Zilia, merci.

ZILIA, *à Francis.* Oh! venez.

(Ils sortent par le fond.)

SCENE VI.

JERVIN, M. DESTILLET.

JERVIN, *se lève, et regardant Zilia sortir.* Pauvre enfant! elle s'occupe de moi... elle souffre de mes peines!... et l'autre...

M. DESTILLET. Cécile est un peu légère, mais vous un peu brusque.

JERVIN. Oh! je vous demande pardon, mon cher Destillet, d'une scène de ménage.

M. DESTILLET. Laissez donc... j'en ai vu bien d'autres... Mais du moins, chez vous, ça n'empêche pas que vous n'ayez des instans d'amour et de bonheur.

JERVIN. De bonheur!...Oui, oui, je suis très-heureux.

M. DESTILLET. Parbleu! c'est que j'y tiens... J'ai voulu vous arracher à vos illusions, à vos idées bizarres... vous forcer à être riche, à être content.

JERVIN. Et vous avez parfaitement réussi.

M. DESTILLET. Vous me dites ça d'un air sombre et boudeur... à cause de quelques nuages... Que diable! mon cher, c'est notre histoire à tous, demandez... Le bonheur d'un mari est très-inégal... il y a de bons momens et de mauvais quarts d'heure.... ça se compense. Vous, qui êtes un homme de l'autre monde, vous ne voulez pas qu'une femme ait des caprices... vous avez tort, convenez-en.

JERVIN. Oh! oui, j'ai tort en effet... je devrais être enchanté... J'arrive de Paris, où son père n'a eu pour moi qu'un accueil sec et glacé.

AIR : *Le choix que fait tout le village.*

Vous me disiez : Il faut qu'un sacrifice
Détourne de vous le malheur :
Mariez-vous et qu'on vous enrichisse.
Pour vous sauver, pour sauver votre honneur.
Cet homme alors m'accueille en sa famille,
Moi, j'espérais... car ils le juraient tant...
De l'or par lui, du bonheur par sa fille;
Et tous les deux ont trahi leur serment.

M. DESTILLET. Comment! qu'est-ce que vous dites?... la dot...

JERVIN. Eh! que m'importe?... qu'il la garde... J'ai été trompé... je suis venu en Europe pour ça... mais quand je reviens chez moi triste, le cœur brisé... quand j'ai besoin de consolations, de soins, de tendresse, je ne trouve qu'une jeune folle, qui vient étourdiment me parler de dépenses, de toilette, ou de fêtes... et qui n'accourt à moi que pour me demander de l'argent.

M. DESTILLET. Bah! à la longue, on s'y habitue; pour cela, il ne s'agit que d'aimer votre femme.

JERVIN. L'aimer! mais il ne fallait pas froisser ce cœur qu'elle ne comprend pas... étouffer à sa naissance un amour qu'elle n'a su qu'éteindre... Une passion n'y tiendrait pas.

M. DESTILLET. Ah! vous voilà encore avec votre exagération... Ne plaisantez pas... ce n'est pas de la passion qu'on vous demande... Il y a des gens qui savent s'en passer.

JERVIN. Il y en a d'autres qui ne le peuvent pas, monsieur.

M. DESTILLET. A la longue, on s'y habitue... et vous y arriverez... Vous êtes amoureux, j'en suis sûr... vous l'étiez à votre départ... Oh! il ne faut pas rougir pour cela.

JERVIN. Moi, monsieur.

SCENE VII.

LES MÊMES, ZILIA.

ZILIA, *de la porte du fond, et tenant des objets de toilette.* Monsieur Henri, le commis est là... le commis, qui a apporté la parure de madame; il attend, vous avez la facture...

JERVIN, *s'asseyant à droite, montrant la facture.* Ah! oui, la voilà!

M. DESTILLET. Un peu chiffonnée..... Dam! il faut payer... c'est l'usage.

JERVIN, *à Destillet.* Ah! mon Dieu! voyez Francis... qu'il paie... et qu'on ne m'en parle plus.

M. DESTILLET. Eh bien! à la bonne heure... Donnez... nous finirons par vous apprivoiser tout-à-fait... (*A part.*) Nous aurons de la peine.

(Il sort.)

SCENE VIII.

JERVIN, ZILIA.

(Zélia place ce qu'elle tient sur un fauteuil.)

ZILIA, *observant Jervin à part.* Mon Dieu! qu'il a l'air accablé!

JERVIN. Zilia, que fais-tu? (*Se reprenant.*) Que faites-vous ici?

ZILIA. Vous le voyez, monsieur... Si tout cela n'était pas prêt pour la toilette de madame, elle me gronderait.

JERVIN. Oui, n'est-ce pas?... elle te fait peur... elle est sans pitié pour toi.

ZILIA. De la pitié!... je ne lui en demande pas.

JERVIN. Pardon... pardon... ce n'est pas le sentiment que tu dois inspirer... oh! non... un cœur si noble, si pur... cette grâce, cet air de candeur qui impose le respect... cette bonté affectueuse et toujours présente, qui pénètre jusqu'à l'ame pour la consoler!... Zilia!... (*Elle s'approche de Jervin.*) Va, laisse-moi... je veux être seul... (*Elle s'éloigne.*) Ou plutôt restez... (*Il se lève.*) J'ai à vous parler.

ZILIA, *revenant vivement.* Me voilà, monsieur Jervin.

JERVIN. Vous m'aviez promis de l'amitié, de la confiance... vous n'en avez pas eu pour moi... Vous m'avez caché des secrets... vous me les cachez encore, et je devrais... (*Zilia fond en larmes.*) O ciel! des larmes!...

ZILIA. Ah! monsieur... ce ton sévère... vous!

JERVIN. Eh! non... ne pleure pas... J'ai tort... Au fait: tu peux aimer sans être coupable, toi.

ZILIA. Aimer! moi... Oh! ne me parlez pas ainsi.

JERVIN. Mais pourquoi ne m'avoir pas confié cet amour?

ZILIA. Monsieur, monsieur... je n'aime personne.

JERVIN. Si fait, oh! si fait... les larmes que tu dérobes sans cesse... ces soupirs étouffés, ces regards inquiets... Je sais tout...

ZILIA. Oh! taisez-vous.

JERVIN. Je sais tout... depuis ce jour... le jour de mon mariage... lorsque je te transportai dans ton appartement, évanouie, en proie à une fièvre brûlante... et ces mots échappés à ton délire: « Je l'aime tant... j'en mourrai. »

ZILIA. Grand Dieu!

JERVIN. J'étais là... seul... seul... j'ai tout entendu.

ZILIA, *cachant la tête dans ses mains.* Vous!

JERVIN. Et en ce moment encore, tu trembles... ta main est brûlante.

ZILIA. Laissez-moi... laissez-moi.

JERVIN. Tu souffres, tu pleures, Zilia... Oh! ne crois pas me cacher tes tourmens, tes angoisses... je m'y connais, vois-tu... Avoue donc enfin...

ZILIA. Eh bien! oui... j'aime!... j'aime de toutes les forces de mon ame!... Oh! je me perds! je suis folle!... Cette passion, il fallait l'étouffer, il fallait en mourir... Mais vous l'avez voulu... vous savez tout... maudissez-moi, chassez-moi: j'aime.

JERVIN. Et pourquoi non, Zilia?... Si cet amour est partagé.

ZILIA. Non, non.

JERVIN. S'il t'aime, lui... si son bonheur est de te rendre heureuse... de vivre pour toi?

ZILIA. Henri, oh! ne dites pas... j'en mourrai.

JERVIN. S'il demande ta main?

ZILIA. Ma main!

JERVIN. Sans doute, Francis.

ZILIA. Francis... Ah!...

JERVIN. C'était lui.

ZILIA. Jamais... oh! jamais!...

JERVIN, *avec passion.* Qu'entends-je!...

Ce n'est pas lui, Zilia?... Mais qui donc?.. qui donc?

ZILIA. Personne... je n'aime personne.

JERVIN. Si fait... tu cherches à me tromper... tu me trompes.

ZILIA. Adieu, monsieur Henri... adieu!

JERVIN, *la retenant.* Je sais tout... j'ai tout deviné.

ZILIA. N'achevez pas.

JERVIN, *s'oubliant.* Car moi aussi, vois-tu, moi...

ZILIA. Ah! vous me faites peur.

JERVIN, *se reprenant.* Mais, au fait.. pourquoi ne l'aimerais-tu pas? Francis, tour à tour soldat, marin, commis. Il s'est enrichi: il t'offrirait un sort heureux peut-être... il le peut sans rougir... plus heureux que le tien... femme de chambre! soumise aux caprices d'un enfant, qui n'a rien de mieux à te jeter... femme de chambre enfermée dans cette maison comme une esclave.

ZILIA. Je ne m'en plains pas.

JERVIN. Du moins, il te rendrait à ce beau pays que tu as quitté pour me suivre... à ta famille.

ZILIA. Mon pays est là où vous êtes... ma famille, c'est vous... Je ne veux pas vous quitter, moi.

JERVIN. Oh! non, reste, reste toujours... car moi aussi, vois-tu, j'ai besoin de te voir, de t'entendre... moi aussi, je n'ai plus d'autre pays que le tien, d'autre famille, d'autre ami que toi... Seule, tu me comprends, tu me plains, tu me consoles... Et tiens, te l'avouerai-je?... souvent, dans mes jours d'angoisses et de colère... ce matin encore... une idée soudaine, affreuse m'a traversé l'esprit comme un vertige... oui, pour échapper à cette société qui me fatigue... à ces inquiétudes, à ces nœuds qui me sont insipides, j'ai voulu tout abandonner... fuir au-delà des mers.

ZILIA. Seul?

JERVIN. C'est toi qui m'as retenu.

AIR *de Téniers.*

Oui, pauvre enfant, à mon destin liée,
Et comme moi résignée à souffrir,
Le croiras-tu?... je t'avais oubliée,
Je te quittais enfin... j'allais partir.
Quand soudain ma sœur, ma créole,
Il m'a semblé, là, que sans toi,
Sans l'amitié qui nous console,
Le malheur partait avec moi.

ZILIA. Et aujourd'hui vous vouliez m'éloigner... m'unir à Francis.

JERVIN. Que tu n'aimes pas.

ZILIA. Je n'aime que vous.

CÉCILE, *en dehors.* Il est ici, vous dis-je.

JERVIN. Ah!

(Ils se séparent vivement... Cécile paraît avec Francis.)

SCENE IX.

LES MÊMES, CÉCILE, FRANCIS.

CÉCILE, *à Francis en entrant.* Et tenez, le voilà... (*A Zilia.*) Que faites-vous ici, mademoiselle? ma mantille, ma robe, tout cela est-il prêt?

ZILIA*. Pardon, madame... je voulais... je venais...

JERVIN. J'avais à lui parler... (*A Francis.*) De toi.

CÉCILE. De Francis... oh! je sais... il a des idées... des projets... il me l'a dit... (*A Francis.*) A quand la noce?

FRANCIS. Ne parlez pas de cela, madame... Je suis un pauvre diable qui n'avais pas le droit de prétendre à Mlle Zilia... mais dam! j'ignorais qu'elle fût devenue... (*Zilia le regarde.*) Enfin, suffit... Aussi, je ne resterai pas en France... Il y a un bâtiment en rade pour la Martinique... j'y retourne... je m'en vais.

ZILIA. Pauvre ami!

CÉCILE. Encore un qui est fou...

(Elle va à la toilette**.)

JERVIN, *à Francis.* Y penses-tu? me quitter, quand les embarras de ma maison...

FRANCIS. Oh! soyez tranquille... il y a quelqu'un qui veille sur vous, et dont la fortune comme l'amitié... (*Zilia lui serre la main.*) Enfin, suffit... Venez, monsieur, venez, on est là au bureau, pour une lettre de change que je vais acquitter...

JERVIN. Comment?

FRANCIS. Les fonds sont en caisse.

JERVIN. Que veux-tu dire?... oh! tu m'expliqueras...

CÉCILE. Vous sortez, Henri... Je vous remercie d'avoir été plus aimable... d'avoir payé ma facture... c'est bien, et ma reconnaissance...

JERVIN. Je n'en demande qu'une preuve... c'est d'avoir plus de bonté... plus d'égards pour cette jeune fille.

CÉCILE. Ma femme de chambre!

JERVIN, *prêt à sortir, s'arrête, et dit à Cécile:* Je vous en prie..

(Il sort avec Francis.)

* Jervin, Cécile, Francis, Zilia.

** Cécile, Jervin, Francis, Zilia.

SCENE X.

CÉCILE, ZILIA.

CÉCILE. Qu'est-ce donc?.. que dit-il?... Vous venez de vous plaindre de moi à mon mari?

ZILIA. Moi, madame, je ne me plains jamais.

CÉCILE. Et de quoi vous plaindriez-vous?... Ne suis-je pas toujours pour vous d'une bonté, d'une douceur à toute épreuve?... Eh bien! voyons... qu'est-ce que vous faites?.... quand vous resterez là, comme une statue!

ZILIA. Me voici, madame... que voulez-vous, que faut-il faire?

CÉCILE. Achever ma toilette, j'ai à sortir... Mais vous ne préparerez pas celle de ce soir... je n'irai pas au bal... on me le défend.

ZILIA. Qui donc?... votre mari?...

CÉCILE. Oh! non... si ce n'était que lui. (*S'asseyant à la table de toilette.*) Mes cheveux sont-ils bien ainsi! (*Zilia s'occupe de sa toilette.*) Je veux être jolie, entendez-vous?... je veux plaire à mon mari.

ZILIA. Ah!

CÉCILE. Sans doute..... Ma mantille... Henri est triste, maussade... il a quelque chagrin... du noir... je ne sais quoi... il me boude, n'est-ce pas?

ZILIA. En effet, j'ai cru voir... (*A part.*) Oh! il ne l'aime pas.

CÉCILE. Mais je veux qu'il soit charmant. (*A Zilia, qui lui pose la mantille sur les épaules.*) Prenez donc garde, vous chiffonnez ma collerette... Et puisque, pour lui faire aimer sa chaîne, il faut être coquette, eh bien! je le serai.

ZILIA. Coquette!

CÉCILE. Certainement.... je veux qu'il m'adore... qu'il n'aime que moi... j'en réponds... c'est un créole qu'il faut dompter, je le dompterai, je le mènerai.

ZILIA. Monsieur Henri!

CÉCILE. Est-ce donc si difficile?.. Tenez ce nœud de ruban... Dans vingt-quatre heures... je ne demande pas une minute de plus... il n'aura pas d'autre volonté que la mienne, d'autres caprices que les miens.

ZILIA. Ah! mon Dieu! et vous croyez...

CÉCILE. Oh! cela vous étonne... vous ne comprenez rien... Vous êtes une créole aussi, vous... une originale comme lui.

ZILIA. Ah! madame... c'en est trop... vous ne sentez pas.

CÉCILE, *à Zilia, qui arrange ses cheveux.* Je sens que vous me faites mal..... Faites donc attention.

ZILIA. C'est très-mal... parler ainsi.

CÉCILE. De vous?

ZILIA. Eh! qu'importe?.... mais de M. Henri qui est si bon... chercher à le tromper, à le séduire.

CÉCILE, *se levant.* Mon mari... pourquoi non?.. Oh! je vous conseille de le plaindre... Vous n'avez jamais cherché à séduire personne?

ZILIA, *effrayée.* Je ne vous comprends pas.

CÉCILE, *se levant.* Oh! vous croyez peut-être que je n'ai pas remarqué tous vos petits manéges de coquetterie?.. Vos yeux rouges.. vos soupirs... Ah!.. (*Riant.*) Aussi il s'est laissé prendre comme un sot.

ZILIA. Madame, madame!

CÉCILE. Mais ce qui est mal, très-mal.. c'est, après avoir tourné la tête à ce pauvre Francis, de le laisser là... de lui refuser votre main... de vous moquer de lui.

ZILIA. Madame, y pensez-vous?

CÉCILE. Et vous avez tort.... C'est un bon parti pour vous.... meilleur que vous ne pouvez espérer... Il est un peu niais; mais il n'y a pas de mal, au contraire.... du reste jeune, encore fort bien... au lieu que vous...

ZILIA. Moi! Oh! je n'ai rien pour plaire..

CÉCILE. Si fait; à un homme comme lui... Vous êtes fatiguée par l'ennui, par les larmes... Cela vous a enlevé cet air de jeunesse, cet éclat, cette fraîcheur qu'on a à votre âge, au mien... que j'ai enfin...

ZILIA. Ah! oui, vous êtes jolie, vous..

(Elle cache ses larmes.)

CÉCILE. Dam! on le dit... et je le crois; demandez à Henri.... Pour vous, petite, vous rêvez peut-être une fortune.... une passion... que sais-je?... Illusion que tout cela... pas de roman surtout.

ZILIA. Et souffrir cela!

CÉCILE. Il faut que chacun reste à sa place.

ZILIA. A sa place!

CÉCILE, *voyant Zilia chiffonner un mouchoir qu'elle déchire.* Eh bien!... eh bien! que faites-vous donc là?

ZILIA. Moi, madame?... Je... oh!.. je ne voyais pas.

CÉCILE. Un mouchoir à moi!... et brodé encore!.. Le voilà joli!.. Laissez-moi, vous m'êtes insupportable.

ZILIA. C'est qu'aussi, madame, vous ne cherchez qu'à m'humilier.

CÉCILE. Taisez-vous...... vous n'êtes qu'une sotte avec vos idées.

ZILIA. Et vous, avec votre aigreur..... vos caprices...

CÉCILE. Insolente!..... Retirez-vous.... je vous chasse....

ZILIA. Moi, madame?

CÉCILE, *élevant la voix.* Oui, vous... sortez.

ZILIA, *de même.* Vous me chassez..... moi!... grand Dieu!

CÉCILE. Oh! pas de raisonnement..... pas de jérémiades.

AIR *du Charmelle.*

C'est en vain qu'on me raisonne,
Songez qu'il faut m'obéir.

ZILIA.

Oui, si monsieur me l'ordonne;
Lui seul me fera sortir.

SCENE XI.

LES MÊMES, JERVIN, FRANCIS, *entrant vivement par le fond.*

FRANCIS.

Hein! qu'est-ce donc qui se passe?

CÉCILE.

Elle m'insulte en ces lieux.

ZILIA.

C'est madame qui me chasse.

JERVIN *.

La chasser!

CÉCILE.

Oui, je le veux.

FRANCIS.

O ciel!

JERVIN.

Vous savez, je pense,
Qu'à son malheur je dois bien
Des égards, de l'indulgence.

CÉCILE.

Moi... ne me devez-vous rien?

ENSEMBLE.

JERVIN.

Faut-il que je l'abandonne,
Que je la laisse partir?
Non... si madame l'ordonne,
C'est donc à moi de sortir.

CÉCILE.

C'est en vain qu'on me raisonne,
Songez qu'il faut m'obéir...
Sortez, car je vous l'ordonne,
Ou c'est à moi de sortir.

ZILIA.

C'en est fait, s'il m'abandonne,
Il faudra bien obéir;
Mais il faut bien qu'il l'ordonne,
Lui seul me fera sortir.

* Cécile, Jervin, Zilia, Francis.

FRANCIS.

Elle si tendre, si bonne,
Qui ne sait que vous chérir,
Faut-il donc qu'on l'abandonne,
Et qu'on la force à partir.

JERVIN. Tant de dévouement!

CÉCILE. Que m'importe à moi!

FRANCIS. Et vous ne savez pas tout encore.... C'est elle qui vous a servie.... qui vous a sauvée....

ZILIA, *voulant l'empêcher de parler.* Francis!

JERVIN. Que dis-tu?

FRANCIS. Non mamzelle, non.. J'avais promis de me taire... mais puisqu'on vous chasse... Ah! c'est indigne...

(Il passe auprès de Jervin*.)

ZILIA. Taisez-vous, Francis..... faites comme moi.

CÉCILE. Ordonnez donc à ces gens-là de se taire, monsieur.

JERVIN. Non.... je veux qu'ils parlent, madame.

FRANCIS. Oui, je parlerai..... Je puis dire ce que je sais... de ce matin seulement... qu'elle a hérité de son oncle..... qu'elle pouvait quitter cette maison..... qu'elle y est restée par amitié pour vous.. pour vous servir de ses soins... de ses secours mystérieux...

ZILIA. Tais-toi, tais-toi.

JERVIN. Ah! je comprends tout...

CÉCILE. Et moi, je n'y comprends rien. Je n'aime pas les phrases... je ne fais pas de sentiment... mais je vous déclare qu'il faut qu'elle sorte de chez moi aujourd'hui, aujourd'hui même... ou c'est moi qui sortirai.... Ah! ah! c'est que j'ai une tête, voyez-vous.

(Elle sort vivement et entre dans la chambre à droite.)

JERVIN. Eh bien! soit.... C'est ce que je demande.

FRANCIS. Pardon, mamzelle, pardon.. Mais si vous partez... si vous êtes sans appui.... je serai le vôtre..... le bâtiment *la Sylvia* met ce soir à la voile.

JERVIN. Oui; elle partira.... retiens le passage.

FRANCIS. Comment, monsieur...

ZILIA. Oh! non.

JERVIN. Elle partira, j'en réponds.

(Francis sort.)

* Cécile, Jervin, Francis, Zilia.

SCENE XII.

JERVIN, ZILIA.

ZILIA. Vous aussi, vous me renvoyez... vous, monsieur Henri!

JERVIN. Oui, moi qui suis las de tant de caprices... tu sortiras de cette maison, aujourd'hui... il le faut, je le veux... mais tu n'en sortiras pas seule.

ZILIA. O ciel!

JERVIN. Tout est fini, tout est rompu... je brise cette chaîne qu'ils m'ont imposée... je pars.

ZILIA. Vous partez... vous, monsieur Henri... et où donc irez-vous?... où donc?

JERVIN. Eh! que m'importe?... je quitterai l'Europe...je reverrai cette terre, où je reçus le jour... où je fus heureux... nous la reverrons ensemble, Zilia.

ZILIA. Que dites-vous?

JERVIN. Oui, ensemble... tu as tout quitté pour moi; patrie, famille, fortune, liberté, tu m'as tout sacrifié, tout... Eh bien! ce que tu as fait pour moi, je te le rends aujourd'hui... plus heureux que tu ne l'étais, pauvre enfant, qui dévorais tes larmes, et qui mourais de ton amour pour moi.

ZILIA. De l'amour!... ah! non, non...

(Elle se cache la tête sur l'épaule de Jervin.)

JERVIN. J'ai tout deviné... et quel autre sentiment pouvait t'enchaîner à mon sort?.. te forcer à vivre esclave, triste, rebutée... toi qui pouvais être heureuse.

ZILIA. Heureuse!... mais je l'étais... je l'étais de vous voir toujours, de vous servir, de veiller sur vous!... vous ordonniez, j'obéissais; je ne voulais pas d'autre bonheur que celui-là... et depuis que je vous connais, depuis qu'au nom du ciel et de ma mère, je me suis attaché à vous... ce que j'éprouve, je l'ai toujours éprouvé.. N'avoir d'autre ami que vous, ne vivre que pour vous, si c'est de l'amour... eh bien! oui, oui... je vous aime... je vous ai toujours aimé.

JERVIN. Toujours.

ZILIA. Pardonnez-moi; car j'ai bien souffert... depuis qu'une autre... une autre... oh! l'enfer était là..

JERVIN. Et moi aussi, je souffrais... j'étais malheureux... écrasé sous le joug qui ne me laissait ni repos, ni liberté... vingt fois j'ai voulu t'arracher ton secret, que je tremblais d'avoir deviné... vingt fois j'ai voulu t'ouvrir mon cœur... j'ai voulu te dire: Et moi aussi, Zilia... moi aussi, je t'aime.

ZILIA. Henri!

JERVIN. Oui, je t'aime comme un insensé.

ZILIA, *poussant un cri.* Ah!

JERVIN, *la soutenant dans ses bras.* Reviens à toi... cet amour, vois-tu...cette passion brûlante, désordonnée, elle a commencé comme la tienne, sous notre beau ciel d'Amérique... Quand je te vis si jeune, si belle, te jeter à mes pieds, et te donner à moi... j'ai voulu te fuir, étouffer mon secret sous ces devoirs qui me faisaient rougir; sous ces chaînes qui m'enlevaient à toi... eh bien! non... cet amour est plus fort que moi... il l'emporte à la fin; il s'échappe de mon cœur qui ne peut le renfermer plus long-tems!..... Zilia!...

ZILIA. Oh! parle, parle toujours... j'écoute... je suis heureuse.

JERVIN. Et maintenant, refuses-tu de me suivre... ou plutôt de m'emmener avec toi.

ZILIA. Oh! non... viens, Henri... partons... on étouffe ici... l'air manque, comme la liberté... viens là-bas.

AIR: *Aux tems heureux de la chevalerie.*

Viens respirer l'air de notre patrie,
Revoir ce ciel et si pur et si beau..
De jours heureux je remplirai ta vie.

JERVIN.

Ah! je renais à ce destin nouveau.
A cet espoir que le ciel nous envoie,
Je sens mon cœur enfin se ranimer!
Plus de tyrans.

ZILIA.

Ah! je mourrai de joie!

JERVIN.

Non pas mourir, mais vivre pour m'aimer.

Va, va... la nuit approche... *La Sylvia* nous recevra... dès que Francis m'aura prévenu... va tout préparer, je m'échappe, je te rejoins.

ZILIA. Oh! bientôt, bientôt!..... oh! mon Dieu! je suis heureuse!... Henri, n'est-ce point un songe?

(Destillet entre vivement par le fond, sans être vu; il s'arrête.)

JERVIN. Non... va, te dis-je, va.... je partirai.

(Zilia sort par la porte latérale à gauche.

SCÈNE XIII.

M. DESTILLET, JERVIN.

M. DESTILLET. Vous partirez?

JERVIN. Ciel! Destillet!

M. DESTILLET. Où donc irez-vous?

JERVIN. Eh! que vous importe? suis-je condamné à toujours souffrir, à me plaindre, sans pouvoir fuir ce qui me pèse, ce qui me déplait?

M. DESTILLET. C'est pour moi que vous dites cela?... Merci.

JERVIN. Eh! non.

M. DESTILLET. Mais y pensez-vous?... abandonner votre maison, votre femme... vos amis!...par exemple!...il ne manquait plus que cela... c'est le bouquet.

JERVIN. Et mon repos!

M. DESTILLET. Et votre honneur?

JERVIN. Monsieur!

M. DESTILLET. Votre honneur!... vous croyez qu'il suffit de dire : « J'ai assez du » monde, et des affaires... mes créanciers » m'ennuient... bonsoir!... je mets la clef » sous la porte, et je m'en vais; » pas du tout..... vous avez à répondre de la maison que votre père vous a laissée..... et vous ne pouvez disparaître, (*baissant la voix*) sans que le mot de *Banqueroute* ne s'imprime comme une tache indélébile à votre nom... au nom de votre père.

JERVIN. Mon père!

M. DESTILLET. Honnête homme, ou banqueroutier... choisissez.

JERVIN, *reculant avec effroi.* Monsieur!... vous voulez donc que je meure?

M. DESTILLET. Au contraire, je veux que vous viviez en homme de courage.

AIR : *Un page aimait la jeune Adèle.*

Chacun de nous porte ici-bas sa chaîne.
Il faut savoir la respecter.
Des passions la fougue nous entraîne;
Mais le devoir nous crie : « Il faut rester. »
Heureux celui qui résiste à sa perte,
Sur le chemin qu'il s'est tracé.
Mais c'est un lâche s'il déserte
Le poste où l'honneur l'a placé.

SCÈNE XIV.

LES MÊMES, CÉCILE, *sortant de la chambre à droite.*

CÉCILE, *accourant.* Monsieur Destillet, monsieur Destillet... (*Apercevant Jervin.*) Ah! mon mari!

JERVIN*. Cécile!

M. DESTILLET. Parbleu? elle vient à propos.

CÉCILE. Vous causiez...je vous dérange.

M. DESTILLET. Eh! non... votre mari pensait à vous.

CÉCILE. A moi..... oh! que c'est bien! (*Allant à Jervin***). Et moi aussi, tout à l'heure, je pensais à toi, Henri... depuis ton arrivée, j'ai tant de choses à te dire... (*A M. Destillet.*) Tenez, bon ami, voyez dans cette lettre que j'écris à mon père... oh! je le gronde bien fort.

M. DESTILLET, *prenant la lettre.* Donnez... j'y vais ajouter ma part... et il tiendra ses promesses avant huit jours, je le jure, sur son honneur, sur le mien.

(Il va s'asseoir à la table***.)

CÉCILE, *se rapprochant timidement.* Henri, vous m'en voulez, n'est-ce pas? j'ai été méchante, emportée... je vous ai fait de la peine... j'ai une mauvaise tête... mais tu es bon, toi... et je viens te demander grâce.

JERVIN. C'est bien, madame.

CÉCILE. Vous me pardonnerez... et pour récompense, moi j'ai une bonne nouvelle à vous apprendre... une grande nouvelle.

JERVIN. Comment, que voulez-vous dire?

DESTILLET. Qu'est-ce donc?

CÉCILE. Oh! je ne sais... tout est changé en moi..... si tu savais!..... maintenant, plus de caprices, plus de querelles... il y aura entre nous un lien de plus, un bonheur de plus.

JERVIN. Cécile... Qu'entends-je!..... il se pourrait.

M. DESTILLET, *se levant et venant auprès d'eux.* Hem! que se passe-t-il?..... ce trouble?...

CÉCILE. Rien, rien, c'est de la joie...

* Cécile, Destillet, Jervin.
** Destillet, Cécile, Jervin.
*** Cécile, Jervin, Destillet.

c'est un secret entre nous. (*A Jervin.*) Entre nous deux seulement. (*A M. Destillet.*) Vous le saurez... mais plus tard.

M. DESTILLET, *à Cécile.* Quand tu voudras... Mais voilà ta lettre.

(Jervin va s'asseoir auprès de la porte à droite.)

CÉCILE. Venez, il faut la faire partir... (*S'approchant de Jervin.*) Tu ne m'en veux plus, n'est-ce pas? et maintenant tu seras heureux! (*Elle l'embrasse.*) Tant pis!... ça vaut bien cela.

(Elle sort par le fond.)

JERVIN. Grand Dieu!

DESTILLET, *à Jervin en s'en allant.* Ainsi, choisissez... honnête homme, ou...

JERVIN. Monsieur...

CÉCILE, *de la porte.* Venez donc, bon ami, venez donc.

M. DESTILLET. Me voici.

(Ils sortent par le fond.)

SCENE XV.

JERVIN, *ensuite* ZILIA.

JERVIN, *seul.* Oh! j'ai la mort dans le cœur!..... mes yeux sont brûlans..... je voudrais pleurer!..... que faire?..... que résoudre?

ZILIA, *entrant par la gauche.* Tout est prêt... partons.

JERVIN. Partons!... qui a dit partons? ah! Zilia!

ZILIA. Ou i, Henri, me voilà... Francis vient de rentrer... *La Sylvia* va mettre à la voile... mais il ne sait pas que vous aussi... Ah! mon Dieu! qu'avez-vous?..... cette pâleur?

JERVIN. Moi, je n'ai rien.

(Se levant vivement et passant à gauche.)

ZILIA. Et pourtant cet air de désespoir... mais non, vous m'aimez, vous me suivez avec joie... oh! venez, ne craignez rien... je vous entourerai de soins, d'amour et de bonheur.

JERVIN. Oui, je suis à toi... je t'appartiens... je t'attendais... Viens.

ZILIA. Mais votre main tremble..... et vos yeux égarés.

JERVIN. Viens, un moment encore, et je ne répond plus de moi... car tu ne sais pas... tu vas t'unir à un insensé, pour qui il n'y a plus de repos, plus d'espoir.

ZILIA. Oh! si fait.

JERVIN. Zilia, je ne suis plus qu'un fugitif, dont le nom sera voué au mépris.

ZILIA. Henri!

JERVIN. Et cette femme que j'abandonne lâchement... et cet enfant!...

ZILIA. Que dites-vous?

JERVIN. Ils m'auront tous en haine, en horreur..... et moi-même, Zilia, oui, moi... déshonoré, flétri... plus tard, que sais-je... cet amour qui me fascine, qui m'entraîne... je le maudirai peut-être.

ZILIA. Oh!

JERVIN. Mais qu'importe?... il faut que mon sort s'accomplisse..... je le veux... je l'ai promis.

ZILIA, *se précipitant à genoux.* Oh! jamais, jamais!... tant de souffrance..... de dévouement, et vous malheureux..... oh! non, jamais.

JERVIN. Zilia!

SCENE XVI.

LES MÊMES, CÉCILE, M. DESTILLET, *ensuite* FRANCIS.

CÉCILE, *entrant par le fond avec M. Destillet.* Venez, bon ami, venez... Ciel!

JERVIN. Ah!

M. DESTILLET*. Qu'est-ce? cette jeune fille...

CÉCILE. A genoux.

ZILIA, *sans se lever.* Non, je ne me leverai pas, que je n'aie obtenu de vous... (*Feignant de les apercevoir.*) Venez, venez m'aider à le fléchir, madame.

CÉCILE. Comment?

JERVIN. Que d[illegible]?

DESTILLET. Q[illegible]ez-vous?

ZILIA, *qui s'est re[illegible], d'une voix étouffée.* Je veux partir, monsieur... quitter la France... revoir mon pays!... Vouée au sort de M. Henri, j'avais juré de ne le quitter jamais, d'être son esclave!... pour lui j'ai tout sacrifié... j'ai eu du courage, j'en ai encore... je lui demande ma liberté.

CÉCILE. Et tu refuses, Henri?

JERVIN. Moi!... je ne sais... je... partir seule... oh! non, non...

(Francis entre, le chapeau à la main et s'avance sur la droite du théâtre.)

* Zilia, Cécile, Jervin, M. Destillet.

FRANCIS*. La *Sylvia* va mettre à la voile.

ZILIA. Seule... ah! Francis.

AIR *du Matelot.*

Il sera, lui, mon protecteur, mon frère.

JERVIN.

Non, c'en est fait... tu ne partiras pas..

ZILIA.

Henri... (*Se reprenant.*) Monsieur... ah! si je vous [suis chère.
Ah! dans ces lieux n'arrêtez plus mes pas,
Et que chacun de nous ne se rappelle
Notre nom que pour le bénir...
Quand le bonheur fuyait, j'étais fidèle;
Mais il revient, c'est à moi de partir.

JERVIN. Le bonheur!

* Francis, Zilia, Cécile, Jervin, M. Destillet.

CÉCILE, *l'entourant de ses bras.* Oh! oui, j'en réponds.

M. DESTILLET. Et la fortune aussi.

FRANCIS. Et puis ne craignez rien, monsieur Henri... la mer est sûre.

ZILIA *souriant, et cachant ses larmes.* Oui, sûre!... adieu.... et si vous avez des momens de peine, de chagrin, pensez à moi... à notre beau pays. (*A part, d'un air exalté.*) Que je ne verrai plus... adieu... je pars.

(Elle prend le bras de Francis, et sort par le fond à droite. Jervin tombe dans un fauteuil; Cécile et Destillet l'entourent. La toile tombe.)

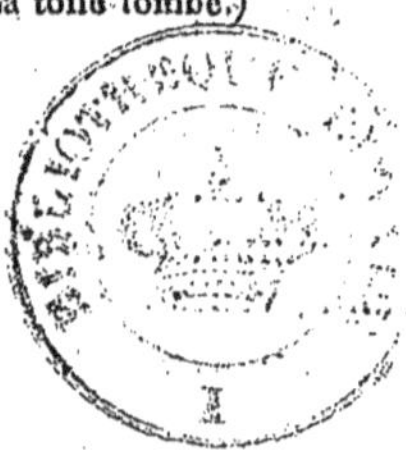

FIN.

IMPRIMERIE DONDEY-DUPRÉ, RUE SAINT-LOUIS, Nº 46, AU MARAIS.

www.ingramcontent.com/pod-product-compliance
Lightning Source LLC
LaVergne TN
LVHW010255230826
846091LV00007B/2983

* 9 7 8 2 0 1 2 7 3 1 6 6 0 *